काव्य संग्रह 'आईना'

प्रदीप 'पांथ'

Copyright © Pradeep 'panth'
All Rights Reserved.

This book has been published with all efforts taken to make the material error-free after the consent of the author. However, the author and the publisher do not assume and hereby disclaim any liability to any party for any loss, damage, or disruption caused by errors or omissions, whether such errors or omissions result from negligence, accident, or any other cause.

While every effort has been made to avoid any mistake or omission, this publication is being sold on the condition and understanding that neither the author nor the publishers or printers would be liable in any manner to any person by reason of any mistake or omission in this publication or for any action taken or omitted to be taken or advice rendered or accepted on the basis of this work. For any defect in printing or binding the publishers will be liable only to replace the defective copy by another copy of this work then available.

"मैं अपना पहला काव्य संग्रह 'आईना' बिना नाम लिए अपने उन शुभचिंतक साथियों को समर्पित करता हूं जिन्होंने हमारी रचनाओं को न केवल सुना, पढ़ा और सराहा बल्कि हमें सतत् काव्य सृजन के लिए हमारा उत्साहवर्धन भी किया है।"

प्रदीप पांथ

क्रम-सूची

कवि परिचय	vii
दो शब्द	ix
1. आईना	1
2. भ्रष्टाचार	3
3. जुस्तजू	4
4. अन्तर्मन	6
5. जुगाड़	8
6. शिकायत	10
7. महफ़िल	12
8. हसरत	15
9. प्रश्न हजारों एक न उत्तर	17
10. हौंसला	20
11. आत्मदर्शन	22
12. आतंक	24
13. पहल	26
14. कठिन दौर- धैर्य	27
15. न जाने कहाँ खो गया ये जहां है	29
16. रहनुमा	31
17. वक्त	32
18. फूल और मधुप	35
19. धर्म	37
20. आईने के सामने	40

• v •

कवि परिचय

पूरा नाम- प्रदीप कुमार तिवारी
साहित्यिक नाम- प्रदीप पांथ
पिता- श्री गोकुल प्रसाद तिवारी
माता- श्रीमती निर्मला देवी
जन्म- 15 जुलाई 1976
पेशा- शिक्षक
शौक- लेखन व पत्रकारिता
शैक्षिक योग्यता- एमएससी (भौतिक शास्त्र), बीएड

"प्रदीप पांथ की जन्मस्थली उत्तर प्रदेश प्रांत के अमेठी जनपद के मुसाफिरखाना तहसील अंतर्गत पूरे मोहनराम तिवारी (रुदौली) गांव है। बारहवीं तक की शिक्षा मुसाफिरखाना में और स्नातक व परास्नातक की शिक्षा सुलतानपुर जनपद के कमला नेहरू भौतिक एवं सामाजिक विज्ञान संस्थान से प्राप्त की। भौतिक शास्त्र से परास्नातक की उपाधि हासिल करने के बाद इन्होंने बीएड की उपाधि प्राप्त की। तदोपरांत बेसिक शिक्षा में शिक्षक के रूप में योगदान देना शुरू किया। पत्रकारिता जगत से भी जुड़ाव रहा है। इनकी पहली अभिव्यक्ति 'पाप का कुंआ' नाम के उपन्यास के रूप में प्रकट हुई थी जो कभी प्रकाशित नहीं हो सकी। भौतिक शास्त्र से परास्नातक की उपाधि प्राप्त करने के बाद साहित्यिक सर्जना का सफर शुरू करने वाले प्रदीप पांथ नें अपने निजी जीवन के संघर्षों और

कवि परिचय

समाज से प्राप्त अनुभूतियों के सहारे विभिन्न विषयों पर लगभग एक शतक कविताओं की रचना कर चुके हैं।'आईना' इनका प्रकाशित होने वाला पहला काव्य संग्रह है जिसमें बीस रचनाओं को शामिल किया गया है।"

पत्राचार का पता

पलिया पूरब (गौरीगंज रोड)
मुसाफिरखाना जनपद अमेठी (उप्र) 227813
संपर्क सूत्र- 9450045608, 7905820479
ईमेल- tiwaripradeep65@gmail.com

दो शब्द

"साहित्य को समाज का आईना कहा जाता है। कविता भी साहित्य की ही एक विधा है जिसकी रचना कवि द्वारा मुक्त हृदय से की जाती है। मुक्त हृदय वह अवस्था है जिसमें व्यक्ति का मन और हृदय अंहकार से परे होता है। मैं की महत्ता गौण और हम सब की भावना अपने उच्चतम स्तर पर होती है। समाज में घटित होने वाली घटनाओं प्रचलित विचारों, सिद्धांतों, समाज को दिशा देने वाले नैतिक मूल्यों इत्यादि के भावों को शब्दों के माध्यम से पिरो कर ही काव्य का सृजन होता है। इसलिए कविता भी समाज का आईना बन जाती है। सरल और ग्राह्य शब्दों को माध्यम बनाकर सृजित की गई कविताओं का संग्रह 'आईना' इस उद्देश्य के साथ प्रस्तुत किया जा रहा है कि यह समाज को नई दिशा देने में महती भूमिका निभाएगी। कविता में कवि के निजी विचारों का समावेश है। इसका उद्देश्य किसी की भी भावना को आहत करना कतई नहीं है।"

प्रदीप पांथ

1. आईना

आईना तुम स्वयं बनके देखो जरा,
साफ तस्वीर तेरी उभर आएगी।
साफ करने की थोड़ी सी कोशिश करो तो
कभी न कभी वो संवर जाएगी।।

श के आईने का भरोसा है क्या,
साफ तस्वीर कब तक उभर पाएगी।
एक हल्का हवा का भी झोंका लगे,
साथ दर्पण के वो फिर बिखर जाएगी।।

आईना आईना तुम बदलते रहो,
जिन्दगानी तुम्हारी गुजर जाएगी।
एक तस्वीर जो भी दिखेगी कहीं,
दूसरी में वहीं फिर बदल जाएगी।।

स तरह रूप तेरा बदलता रहेगा,
एक तस्वीर तुझको न दिख पाएगी।
आज कह करके कुछ कल बदल जाएगा,
बेशरम आईने को न शर्म आएगी।।

एक मन का ही तो आईना बस सही,
इसकी तस्वीर तुझको न भरमाएगी।
देख करके सुधारो है जो भी कमी,
जिन्दगानी तुम्हारी सुधर जाएगी।
-- प्रदीप पांथ

2. भ्रष्टाचार

कैसे भला चलेगी दुनिया,
कहाँ रहा जीवन आधार।
हमने भी क्या क्या कर डाला,
खूब कमाया भ्रष्टाचार ।।

रग - रग में है बसा हुआ ये,
नंगा नाच रहा संसार।
कहाँ किसे कैसे है रहना,
भूल गए आचार विचार ।।

पैसा एक अदद चाहत है,
और नहीं कोई व्यवहार।
झूठ आज फल फूल रहा है,
सत्य हो गया है बीमार ।।

अब कहूँ आज क्या ? क्या होगा,
कैसे सुधरेगा संसार ।
भ्रष्ट हो गए कहने वाले,
दूर करेंगे भ्रष्टाचार ।।

3. जुस्तजू

जुस्तजू है जिस जहाँ की
वो मिला हरगिज नहीं।
हो मुकम्मल आशियाँ जो
वो मिला हरगिज नहीं।।

❦❦❦

जुस्तजू में साबिका
होता रहा नफ़सानियत से।
पर मिली इंसानियत की
बू तलक हरगिज नहीं।।

❦❦❦

मसरूफ़ मिलते हैं सभी
अपने अलग अंदाज में।
पर मयस्सर हो रही
मुस्कान अब हरगिज नहीं।।

❦❦❦

नुक्ताचीनी में जिन्हें
हासिल महारत मिल गए।
जो स्वयं में ढूंढ लेता
वो मिला हरगिज नहीं।।

ख़ैर ख़्वाही में सभी
पूंछा करे हैं ख़ैरियत ।
पर जरूरत जब पड़े
तो पूंछते हरगिज नहीं।।

जब तलक हा साथ सरमाया
मिलेंगे सरफ़रोश ।
मुफ़लिसी के दौर में
कोई मिले हरगिज नहीं।।

हो भला तामीर कैसे
अपने ख़्वाबों का महल।
फर्श ए जमीं जब पांव रखने
को मिली हरगिज नहीं।।
----प्रदीप पांथ

4. अन्तर्मन

मंजिल पथ पर विचलित हो जब,
झांको तुम अन्तर्मन में।
रखकर भाव प्रभो के वास का,
सृष्टि के हर कण कण में।।
लेकर खुद का नाम पूंछ लो,
अपने से लाख सवाल।
मिल जाएगी विषाद व्याख्या,
तेरे ही अन्तर्मन में।।

औरों को पढ़ने से बेहतर,
खुद को तुम पढ़ना सीखो।
झूठ बोल सकती तस्वीरें,
दिखती हैं जो दर्पण में।।
मीत तुम्हारा तेरे अंदर,
सब कुछ सच सच बोलेगा।
भेद अनेकों छुपे हुए हैं,
तेरे ही अन्तर्मन में।।

अंधियारे में राह न सूझे,
अपने दृग को बंद करो।

प्रखर उजाला दिख जाएगा,
तेरे ही अन्तर्मन में।।
भाग्य विधाता बनकर जो,
तेरी तकदीर संवारेगा।
वो तिलस्म भी छुपा हुआ है ,
तेरे ही अन्तर्मन में।।
------ प्रदीप पांथ

5. जुगाड़

भारत की अनमोल वस्तु है,
बूझ सकेगा न संसार।
काम नहीं कोई मुश्किल,
है पास तुम्हारे अगर जुगाड़।।

सभी यहाँ इसके हैं मालिक,
इसके बिन सब हैं असहाय।
इसी चीज को पाने खातिर,
मची हुई है तौबा हाय।।

कोई दिन , पल भी न ऐसा,
जब कभी सामना न होता।
काम हमारा भी बन जाता,
पास अगर मेरे होता।।

देश का अपने मालिक हो या,
देश का हो वो पहरेदार।
देश चलाने वालों ने भी,
शुरू कर दिया है व्यापार।।

प्रदीप 'पांथ'

सोच सोच मन मेरा हँसता,
बसता न कोई घर बार।
देश हमारा ही न चलता,
पास न होता अगर जुगाड़।।
------प्रदीप पांथ

6. शिकायत

शिकायत करें क्या जमाने से हम,
जहाँ इसको सुनने की फुरसत नहीं है।
मुझे ढूंढकर तुम जरा ये बता दो,
यहाँ किसको किससे शिकायत नहीं है।।

घटाओं से भी है, फिजाओं से भी है,
बहारों से भी है, हवाओं से भी है।
सूरज से, चंदा से, तारों से भी है,
गुलशन के सुंदर नजारों से भी है।।
जमाने के बारे में क्या हम कहें जब,
ईश्वर से सच्ची इबादत नहीं है।
मुझे ढूंढकर तुम जरा ये बता दो,
यहाँ किसको किससे शिकायत नहीं है।।

घर क्या घरौंदों से महलों से भी है,
गीतों से कविता से गजलों से भी है।
ख्वाबों ख्यालों के सपनों से भी है,
धरती, गगन, गैरों, अपनों से भी है।।
संभलेंगे कैसे ? संभालो जरा अब,
रिश्तों में भी तो मुहब्बत नहीं है।

मुझे ढूंढकर तुम जरा ये बता दो,
यहाँ किसको किससे शिकायत नहीं है।।

❦❦❦

जननी, जनक, जान - जानम से भी है,
प्रियवर, प्रिया, पुत्र, प्रीतम से भी है।
भाई-बहन, शत्रु, हमदम से भी है,
सुख से, सखा से, सदागम से भी है।।
हमको भी, तुमको भी, सबको है हरदम,
खुद से संभलने की आदत नहीं है।
मुझे ढूंढकर तुम जरा ये बता दो,
यहाँ किसको किससे शिकायत नहीं है।।
   ----प्रदीप पांथ

7. महफ़िल

हर आने जाने वाले को ये जग अजनबी है,
दर दर भटकते हैं सब पहचान के लिए।
सबको क्या खबर कि यहाँ महफ़िलें सजी हैं,
घर आने वाले हर मेहमान के लिए।।

❦❦❦

नज़ाकत है, अदा है, शोखी भी है,
सजना संवरना भी है यूं सभी के लिए।
सजी दुल्हन सरीखी ये महफ़िल नटी है,
जो भी देखे दिखे है उसी के लिए।।

❦❦❦

अदावत है तो मुहब्बत भी होगी यहीं,
महबूब भी मिल जाएंगे सबके लिए।
आया है तो महरूम न होगा कोई,
यूं महफूज है महफ़िल यहाँ सबके लिए।।

❦❦❦

एक महफ़िल है यहां और एक महफ़िल है वहां,
दोनों ही सजती हैं जमाने के लिए।
आ गए हैं हम सभी वो शमां बनकर यहां,
जो स्वयं भी जल रही सबको जलाने के लिए।।

दीयट बनी महफ़िल तुम जरा दीपक बनो,
भर लो तुम स्नेह ज्योती जलाने के लिए।
गर जली ज्योती जिगर की सोच लो,
खुद जलोगे तुम यहाँ सबको जलाने के लिए।।

दीपक को छोटा न समझना तुम कभी,
यह बड़ा ही कीमती महफ़िल सजाने के लिए।
गर हवा दे साथ तो दबी सोई हुई,
एक चिन्गी भी बड़ी सबको जलाने के लिए।।

ऐ सुन जरा मगरूर, तू यूं मख़मूर न हो,
तेरा न कुछ सब है जमाने के लिए।
इसलिए रौ से चलो, रोशनी रोशन करो,
महफ़िल की रौनक को बढ़ाने के लिए।।

यारों दुआ मांगों गर कभी तुम ईश से ,
न मांगना कुछ भी यहां अपने लिए।
मांगना बन मय फरोश महफ़िल में आके,
बांट दे दो बूंद मय वो यहां सबके लिए।।

बन जाएं साकी हम सभी, ये हमारी साकिया,

ये साथ हो यूं ही हमेशा के लिए।
आशीष दे देना सभी ये हमारा आशियाँ,
आबाद हो यूं ही हमेशा के लिए।।
-----प्रदीप पांथ

8. हसरत

होगी हसरत सभी पूरी तेरे दिलों की,
तुझे एक रस्ता बनाना पड़ेगा।
राहों में भी होंगे कांटे मगर,
तुझे उनपे चल करके जाना पड़ेगा।।

❦❦❦

ग़म न करो ग़र कांटे हैं तो क्या,
पाने को कुछ तो गंवाना पड़ेगा।
मंजिल पे अपनी पहुँच जाओगे,
कांटों से दामन बचाना पड़ेगा।।

❦❦❦

अगर चाहते हो गुलाबी चमन हो,
तो गुलशन को पहले लगाना पड़ेगा।
समरसता अगर चाहिए इस धरा पर,
तो गिरतों को बढ़के उठाना पड़ेगा।।

❦❦❦

कितनी भी तूफ़ानी हो ग़म की रातें,
कभी न कभी उनको जाना पड़ेगा।
कब तक बचोगे समर जो छिड़ा है,
कभी न कभी सर उठाना पड़ेगा।।

❦❦❦

दूर कितना भी हो कोई तुमसे मगर,
पुकारोगे तो उसको आना पड़ेगा।
अरि भी दोस्त बनके चले आएंगे,
प्रीति का पाठ उनको पढ़ाना पड़ेगा।।

❦❦❦

आसमां क्या, जहां क्या, ख़ुदा भी झुकेगा,
पहले तो खुद को झुकाना पड़ेगा।
सूरज व चंदा भी मिल जाएंगे मीत,
चाहत दिलों में जगाना पड़ेगा।।
--- प्रदीप पांथ

9. प्रश्न हजारों एक न उत्तर

प्रश्न हजारों एक न उत्तर,
क्या कभी किसी से कहीं हैं कमतर
प्रश्न हजारों एक न उत्तर।

राम रूप साकार यहाँ था,
कृष्णा का अवतार यहाँ था,
आदर्श समझ ले दुनिया जिसको
हम सबका परिवार यहाँ था,
जीवन का आधार यहाँ था,
न कोई व्याभिचार यहाँ था,
सत्य धर्म को समझ सके जो,
ऐसा इक दरबार यहाँ था,
काल गाल में समा गए सब,
अब है कोई बिम्ब कहाँ।
वही रूप दिखलाए फिर से,
ऐसा कोई डिम्ब कहाँ।।
क्यों हुए जागृत न हम सब ,
जब पल का पल्लू सरका सर सर,
प्रश्न हजारों एक न उत्तर।।

काव्य संग्रह 'आईना'

❦❦❦

सुंदर धर्म विधान यहाँ था,
सुखद सुमंगल गान यहाँ था,
ईमान धर्म था सबके दिल में,
न कोई बेइमानी यहाँ था,
सब धर्मों का मान यहाँ था,
न कोई अभिमान यहाँ था,
विश्व गुरु कहलाने वाला,
अपना हिंदुस्तान यहाँ था,
दुष्कर्म मिटा दे बढ़ करके,
है अब ऐसा सत्कर्म कहाँ।
फिर से वही दिखा दे सपने,
ऐसा कोई धर्म कहाँ।।
क्या बात हुई क्यों प्रीति नीति सब,
हुई साथ समय के कम से कमतर,
प्रश्न हजारों एक न उत्तर।।

❦❦❦

न कोई कठिन क्लेश यहाँ था,
ईर्ष्या न की द्वेष यहाँ था,
विद्वेषों की बात हुई तो,
गीता का उपदेश यहाँ था,
क्या सुंदर परिवेश यहाँ था,
उतरा खुद व्योमेश यहाँ था,
क्या क्या कैसे कहूँ आज मैं,
कैसा अपना देश यहाँ था,

प्रदीप 'पांथ'

कैसे छाया पड़े ईश की,
आज बसे है द्वेष जहाँ।
युगों युगों पहले ही जो था,
है अब वो परिवेश कहाँ।।
स्थिति कैसे बदल गई सब,
क्यों हो गए हम बद से बदतर,
प्रश्न हजारों एक न उत्तर।
---प्रदीप पांथ

10. हौंसला

अंत होता सुखद है सभी काज का,
लेके जज्बा उसे बस शुरू कीजिए।
टिक सकेगी कहीं कोई बाधा नहीं,
है जरूरी बुलंद हौंसले कीजिए।।

हौंसले को बुलंदी मिली है अगर,
आसमां को भी पल में झुका लीजिए।
राह के पत्थरों की है क्या ये बिसात,
रोक ले रास्ता ठोकरें दीजिए।।

हौंसला आफजाई जरूरी नहीं,
है जरूरी सफर में डगर देखिए।
हर कदम को बढ़ाते रहो तुम डगर में,
बढ़ाकर कदम को न फिर खींचिए।।

समंदर की बूंदें भी नम कर सकेंगी,
इरादों को तेरे न ये सोचिए।
एक चिंगी भी है गर हृदय में तेरे,
आग लग जायेगी बस हवा दीजिए।।

बन सको तुम नजीरें नसल के लिए,
ऐसी बढकरके उनको नजर दीजिए।
झुकाएं जो मस्तक तुम्हारे लिए,
आज से ही शुरू वो करम कीजिए।।
---प्रदीप पांथ

11. आत्मदर्शन

कुछ भी करने से पहले मनन तुम करो।
आत्म दर्शन करो, आत्म दर्शन करो ।।

आत्म दर्शन जरूरी है सबके लिए,
वीर हो धीर हो कोई कितना प्रिय।
काज पूरे नहीं होते उनके कभी,
जिसने भी आत्मदर्शन नही हैं किए।।
इसलिए सोचकर
तुम बढ़ाओ कदम,
यूं अंधेरे में न पथ पदार्पण करो।
आत्म दर्शन करो, आत्म दर्शन करो ।।

यूं तो है तम जगत में बहुत ही मगर,
तुम जलाओगे तो जल उठेंगे दिये।
पर जरा सोच लेना जलाओगे क्या,
जब तेरे पास ज्योति ही न हो प्रिय।।
इस जहां में अगर
तुमको करना है कुछ,
सबसे पहले शुरू आत्म मंथन करो।
आत्म दर्शन करो, आत्म दर्शन करो ।।

प्रदीप 'पांथ'

करके मंथन स्वयं ठोस आगाज दो,
रेत पर न चलो कोई आधार लो।
तुम बनो न लहर वो कभी साथियों,
एक पत्थर पे गिरकर बिखर जाए जो।।
ये जहां देखकर
अपने को भूलकर,
व्यर्थ में तुम कभी भी न गर्जन करो।
आत्म दर्शन करो, आत्म दर्शन करो ।।
---प्रदीप पांथ

12. आतंक

रोज जलती हैं चितायें,
रोज चलती गोलियां,
रोज खेली जा रही हैं
खून की ही होलियां।
क्या मनाएं हम दिवाली, दीप ही जब बुझ रहे,
खौफ में डूबा जहाँ है गूंजती हैं सिसकियां।।

तप रही है आज धरती
तप रहा है आसमां,
आतंक की ही आग में
जल रहा है ये जहाँ।
वाह मां के वीर बेटों क्या गजब की बात है,
क्यों नहीं दिखती हैं तुझको खाक होती बस्तियां।।

स्वार्थ से बस चंद लोगों
के हिली हैं घाटियां,
चंद सिक्कों के लिए ही
लोग बिक जाते यहां।
वाह रे लोगों समझते हो भला तुम क्यों नहीं,
वो जला मेरे घरों को सेंकते हैं रोटियां ।।

यह कहाँ की नीति है
और लिक्खा है कहाँ,
चुपचाप हम बैठे रहे
जल रहा हो घर जहां।
नेतृत्व तेरी नीतियों का क्या गजब अंदाज है,
तू स्वयं फूले फले और भाड़ में जाये जहाँ।।

शांति का पैगाम तेरा
कौन सुनता है यहां,
शास्त्र के न, शस्त्र के
आगे झुके है ये जहां।
मातृ भू की है कसम तू शस्त्र हाथों में उठाकर,
खत्म कर आतंकियों की कोख दिख जाए जहां।।
--- प्रदीप पांथ

13. पहल

ईश की वंदना को कमल चाहिए,
प्रीति को रूप का इक महल चाहिए।
काम मुश्किल नहीं है जहाँ में कोई,
बस शुरू में सही इक पहल चाहिए।।

पहल करने को इक नजर चाहिए,
मंजिलों के लिए भी डगर चाहिए।
बोझ सी जिंदगी भी गुजर जाएगी,
एक सच्चा मगर हमसफ़र चाहिए।।

विरह की जलन को मिलन चाहिए,
प्रीति की प्यास को कुछ तपन चाहिए।
अप्सरा भी मचलकर लिपट जाएगी,
बस उसे एक प्यारी छुवन चाहिए।।

सर्द हो गर हवा तो अनल चाहिए,
मेघ, तपती धरा को सजल चाहिए।
द्वेष सबके दिलों से निकल जाएंगे,
दोस्त, बस प्यार की ही पहल चाहिए।।

14. कठिन दौर- धैर्य

जिंदगी इक सुहाना सफ़र ही नहीं,
इसमें भी कठिन कोई दौर आएगा।
जब लगेगा कहीं आसरा है नहीं,
वक्त का दौर वो तुझको तड़पायेगा।।

देखकर वक्त का दौर तूफ़ानी वो,
पाँव डगमग अगर तेरा हो जाएगा।
झोंका जो तुझको दिखा सकता साहिल,
वही तेरी कश्ती डुबो जाएगा।।

किया सामना धैर्य से तुमने जो,
तो वो तूफ़ां भी यूं ही गुजर जाएगा।
छा गया नभ में बादल घनेरा तो क्या,
एक पल वो बरस कर निकल जायेगा।।

मिला है किसे सुख का सागर सदा,
दुःख भी अटल कैसे रह पायेगा।
दोनों जिंदगी की रवानी में है,
एक आये तो दूजा निकल जायेगा।।

❦❦❦

वो जो दिखते हैं बादल घनेरे गगन में,
उनके छंटते ही दिनकर निकल आएगा।
इस धरा पर पड़ेगी रूपहली किरण,
और पलभर में मंजर बदल जायेगा।।

❦❦❦

हर इक कठिन दौर इस जिंदगी का,
तुम्हें कुछ न कुछ और सिखलायेगा।
मिलेंगी तुम्हें ठोकरें तो है क्या,
आज उनसे ही तू कल संभल जाएगा।।
---प्रदीप पांथ

15. न जाने कहाँ खो गया ये जहां है

हुआ अवतरण ईश का भी यहां है,
सतयुग जहां था यही वो जहां है।
मगर घोर कलयुग के इस दौर में तू,
बता दे मुझे अब कहाँ वो जहां है।।
न जाने कहाँ
खो गया ये जहां है,
न जाने कहाँ खो गया ये जहां है।।

वही है जमीं और वही आसमां है,
बहारें वही हैं वही गुलिस्तां है।
मगर गुल नही आज दिखता चमन में,
मेरे ख्याल से सो गया बागबां है।।
न जाने कहाँ
खो गया ये जहां है,
न जाने कहाँ खो गया ये जहां है।।

वही दर्श है और वही फ़लसफ़ा है,
वही काल की पीठ पर पग निशां है।

काव्य संग्रह 'आईना'

मगर है फ़िकर किसको सीखेगा किससे,
अरे आज मानव कहाँ से कहाँ है।।
न जाने कहाँ
खो गया ये जहां है,
न जाने कहाँ खो गया ये जहां है।।

❦❦❦

वही हैं मुसाफिर वही आशियाँ है,
वही आज भी खूबसूरत शमां है।
मगर अब मुयस्सर है मुस्कान किसको,
हर बात की हो चुकी इन्तहां है।।
न जाने कहाँ
खो गया ये जहां है,
न जाने कहाँ खो गया ये जहां है।।

❦❦❦

वही सूर्य है और वही चन्द्रमा है,
सितारों का भी तो वही कारवां है।
मगर रोशनी खो गयी है गगन में,
चहुं ओर फैला अंधेरा यहां है।।
न जाने कहाँ
खो गया ये जहां है,
न जाने कहाँ खो गया ये जहां है।।
---प्रदीप पांथ

16. रहनुमा

यूं तो हर राह में हर पग के निशां होते हैं ।
मगर इतिहास में कुछ ही बयां होते हैं।।

शहादत हो नहीं सकती है हर एक मौत इस जग में।
शहीद वो होते हैं जो वतन पे कुर्बान होते हैं।।

जवानी जिस्म की जरूरी नहीं है क्रांति को।
क्रांति वो करते हैं जो रूह से जवान होते हैं।।

ये चमन गुलजार होता नहीं है सबसे।
गुलजार वो करते हैं जो बागबां होते हैं।।

खुदगर्ज होते हैं वो जो जीते हैं खुद के वास्ते।
ग़ैरों की खातिर जिएं तो रहनुमा होते हैं ।।
---प्रदीप पांथ

17. वक्त

होता है मुश्किल गिराना
उन दरख्तों को सदा,
जिसकी हर जड़ इस जमीं में
गहरे तक पैबश्त है।
उन किश्तियों को क्या डुबो
सकती है हल्की सी हवा,
तूफान का भी सामना
करने की जो अभ्यस्त हैं।।

है जुनूं परवाज़ की और
चूम लूँ आकाश को,
एहसास होता है नहीं कि
पंख अपने पस्त हैं।
चाहते सब बढ़के खुशियां
थाम ले बस बांह को,
पर किसी को क्या मिलेगी
जब पकड़ते अक्स हैं।।

निज दाग दामन और दिलों के
हैं जिन्हें दिखते नहीं,

औरों पे तोहमद लगाने
में वही सिध्दहस्त हैं।
इल्जाम उनके मयकशी के
मायने रखते नहीं,
जो स्वयं ही महफिलों में
मय लिए मदमस्त हैं।।

एतबार हम किस पर करें,
क्या समझते हैं सभी,
लोग तो अफ़वाहों पर
एतबार के अभ्यस्त हैं।
एतबार के रिश्तों की भी
पहचान किसको है सही,
आंखों पर ऐनक लगा
सब देखने मे व्यस्त हैं।।

अपने पर करना भरोसा
पर नहीं करना गुमाँ,
वक्त के आगे हमेशा
टूटता हर शख्स है।
वक्त के खा कर थपेड़े
मिट गए वे भी निशां,
लोग कहते थे जिन्हें कि
ये बड़े ही सख्त हैं।।

है न कुछ दरकार मुझको
कम से कम इस दरमियां,
कौन समझा है कि करवट
कब बदलता वक्त है।
मुझको तो कल भी यकीं था
आज भी है ये यकीं,
उसको मिटा पाया न कोई
साथ जिसके वक्त है।।
--- प्रदीप पांथ

18. फूल और मधुप

देखा मैंने बाग में, खिला हुआ एक फूल ।
उसी फूल के इर्द गिर्द, उगे कई थे शूल।।
इन्ही शूल के बीच में, फूल रहा था झूम।
भ्रमर आ गया फिर वहां, लिया फूल को चूम।।

कैसा सुंदर कवच था, किया नहीं परवाह।
बार बार वो फंस गया, निकली न पर आह।।
क्या क्या देखा आंख ने, वहां बाग में आज।
भ्रमर कवच को तोड़कर, लूट ले गया लाज।।

जिस क्षण पहुंचा फूल पर, हुआ उसी क्षण मौन।
उसी मौन के बीच में, बता गया मैं कौन।।
दिन भर वो आता रहा, ज्यों लंबी हो प्यास।
कभी मिला या न मिला, पर न हुआ उदास।।

दिवस गया और शाम हुई, सिमट गई फिर गंध।
भ्रमर छोड़कर चला गया, फूल हो गया बन्द।।
बीती रजनी सुबह हुई, फिर से उड़ी सुगंध।
मधुप आज भी आ गया, लूटन को मकरंद।।

कोमल कलियों ने लिया, झट अपने आगोश।
आलिंगन में फूल के, हुआ भ्रमर मदहोश।।
वही त्याग था राग भी, वही दिखा फिर जोश।
देख दशा उस भृंग की, खो बैठा मैं होश।।

मैंने पूंछा यार सुन, तू है उसका कौन।
जिस पल गुल पर बैठता, हो जाता क्यों मौन।
दिन भर रहता घूमता, आता न तू रैन।
हो जाता है हर सुबह, क्यों इतना बेचैन।।

उसने बोला सुन जरा, तू है मानव जात।
काम, क्रोध, मद, मोह सब, हैं तेरे उन्माद।।
दृश्य स्वार्थ से जुड़ा हुआ, तुझको पड़े दिखाई।
अन्य दृश्य के लिए आंख में, तेरे नहीं रिसाई।।

---प्रदीप पांथ

19. धर्म

धर्मियों से मात खाई
धर्म की अच्छाइयों ने।
कर दिया धर्षित धरम को
धर्म के अनुयायियों ने।।

❦❦❦

दे रहें हैं सब दुहाई
पर इसे समझे नहीं,
जिसने भी धारण किया जो
धर्म उसका है वही।
आज कब्जा कर लिया है
धर्म पर परछाइयों ने,
कर दिया धर्षित धरम को
धर्म के अनुयायियों ने।।

❦❦❦

शक्ति है आध्यात्म की,
नीति का है ये खजाना,
न झिझकना ग़र पड़े
परमार्थ में खुद को लुटाना।
कौन लेकिन जा रहा
अब धर्म की गहराइयों में,

कर दिया धर्षित धरम को
धर्म के अनुयायियों ने।।

❦❦❦

बाइबिल, गीता, कुरान
ग्रंथ सब अनमोल हैं,
पर अमल ही न करें तो
फिर कहो क्या मोल हैं।
हो रहा है व्यर्थ सब कुछ
जो लिखा चौपाइयों में,
कर दिया धर्षित धरम को
धर्म के अनुयायियों ने।।

❦❦❦

अब कहाँ सन्मार्ग, सद्गति
और है सद्भावना,
धर्म के ही आड़ में अब
हो रही हर साधना।
शत्रुता का बीज बोया
जा रहा हमराहियों में,
कर दिया धर्षित धरम को
धर्म के अनुयायियों ने।।

❦❦❦

ग़र मेरा मानो कहा तो
धर्म ऐसा छोड़ दो,
हो भरा जिसमें कसैला

प्रदीप 'पांथ'

ज़र्फ़ ऐसा तोड़ दो।
बढ़ रहा उन्माद चारों ओर
अपनी वादियों में,
कर दिया धर्षित धरम को
धर्म के अनुयायियों ने।।

❦❦❦

उन्माद को है रोकना तो
धर्म बदलो तुम अभी,
धारण करो इंसानियत का
धर्म केवल तुम सभी।
फिर वही गुंजार कर
सौहार्द का अमराइयों में,
कर दिया धर्षित धरम को
धर्म के अनुयायियों ने।।

❦❦❦

एक होगा धर्म सबका
एक ही आराध्य होगा,
एक ही साधन सभी का
एक ही फिर साध्य होगा।
जल गए ग़र दीप दिल के
न बूझेंगे आंधियों में,
कर दिया धर्षित धरम को
धर्म के अनुयायियों ने।।
---प्रदीप पांथ

20. आईने के सामने

हम कौन थे, क्या हो गए
और क्या होंगे विचारो।
आईने के सामने तुम बैठकर खुद को संवारो।।

दाग का जीवन जियें हम
इससे है क्या फायदा।
सीख लो बेदाग जीवन
जीने का तुम कायदा।।
लाज है थोड़ी सी भी तो,
दाग दामन का छुड़ा लो।
आईने के सामने तुम बैठकर खुद को संवारो।।

अब हो गयी हर बात की ही
हर जगह पे इंतहां।
हर धर्म है पर धर्म का अब
मान होता है कहाँ।।
जीने को सम्मान से
अभिमान को बाहर निकालो।
आईने के सामने तुम बैठकर खुद को संवारो।।

प्रदीप 'पांथ'

रास्ते की ठोकरों से भी
संभलते क्यों नहीं हम।
आसरे में हमदमों के
टूट जाता क्यों भला दम।।
मंजिलें पाना है ग़र तो
बुद्धि के पट को उघारो।
आईने के सामने तुम बैठकर खुद को संभालो।।

❦❦❦

आज दिखता है जहां में
फैला जो गहरा अंधेरा।
एक कर के फूटते ही
होगा निश्चय ही सवेरा।।
बस जरूरी है यहां तुम
दीप अंतश का जला लो।
आईने के सामने तुम बैठकर खुद को संवारो।।

❦❦❦

आदर्श है हर दर्श है
पर दर्प में दिखता नहीं।
ख़्वाबों की तामीर से
तकदीर बदली है कहीं।।
आदर्श की हर बात को ही
आचरण में तुम उतारो।
आईने के सामने तुम बैठ कर खुद को संवारो।।

❦❦❦

बिगड़ा है न रूप कुछ
यह आज भी बन जायेगा।
कल की बातें आज कर ले
कल कभी न आएगा।।
है समय की मांग यारों
बैठकर कुछ तो विचारो।
आईने के सामने तुम बैठकर खुद को संवारो।।
--- प्रदीप पांथ

www.ingramcontent.com/pod-product-compliance
Lightning Source LLC
LaVergne TN
LVHW041548060526
838200LV00037B/1200
* 9 7 8 1 6 8 5 0 9 8 7 4 2 *